AF215962

©GünterWülfrath

Gesamtgestaltung

TROTZ ALLEDEM

Trauer, Wut und Zuversicht.
Linke Gedichte

Was sind das für Zeiten, wo
Ein Gespräch über Bäume
fast ein Verbrechen ist
Weil es ein Schweigen
über so viele Untaten einschließt!

Bertolt Brecht (Svendborger Gedichte)

Günter Wülfrath

Bibliografische Informationen der Deutschen Nationalbibliothek:
Die Deutsche Nationalbibliothek verzeichnet diese Publikationen in der Deutschen Nationalbibliografie detaillierte bibliografische Daten sind im Internet über http://dnb.dnb.de abrufbar.

© 2019 **Günter Wülfrath**
Bildnachweise, Seite 124

Herstellung und Verlag:
BoD – Books on Demand, Norderstedt
ISBN: 9783749451722

Anstelle eines Vorwortes.

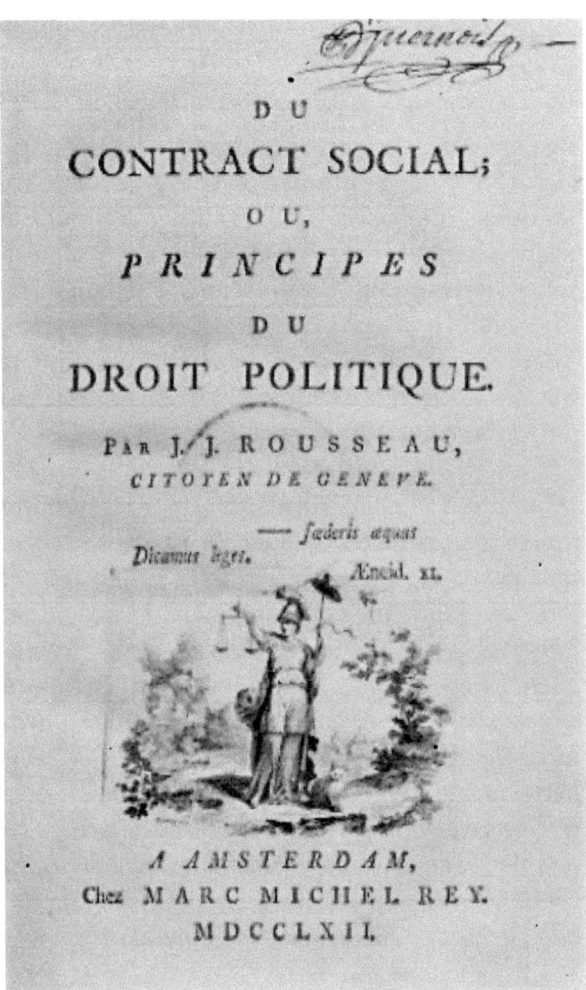

Vom Gesellschaftsvertrag oder Prinzipien des Staatsrechtes

(Jean-Jacques Rousseau 1762

Wer zu sagen wagt, „außerhalb der Kirche gibt es kein Heil", muss aus dem Staat verjagt werden."

Der Genfer Schriftsteller, Philosoph, Pädagoge, Naturforscher, Komponist und Aufklärer **Jean-Jacques Rousseau** (1712 - 1778), war einer der wichtigsten geistigen Wegbereiter der Französischen Revolution (Ende des 18. Jahrhunderts) und hatte großen Einfluss auf die politischen Theorien des 19. und 20. Jahrhunderts, und er hat die bis in die heutige Zeit gültigen und bedenkenswerten Worte gesagt:

"Der erste, der ein Stück Land eingezäunt hatte und es sich einfallen ließ zu sagen: dies ist mein und der Leute fand, die einfältig genug waren, ihm zu glauben, war der wahre Gründer der bürgerlichen Gesellschaft. Wie viele Verbrechen, Kriege, Morde, wie viel Not und Elend und wie viele Schrecken hätte derjenige dem Menschengeschlecht erspart, der die Pfähle herausgerissen oder den Graben zugeschüttet und seinen Mitmenschen zugerufen hätten:

,Hütet euch, auf diesen Betrüger zu hören; ihr seid verloren, wenn ihr vergesst, dass die Früchte allen gehören und die Erde niemandem."

TROTZ ALLEDEM!

In unserer Geschichte gibt es wunderbare Zeiten des Erfolges, aber auch ganz furchtbare, abgrundtiefe, Stürze in die Enttäuschung.

Wenn wir nicht in eine wehrlose Depression verfallen wollen, brauchen wir Mut und Zuversicht, um mit den Enttäuschungen fertig zu werden.

„Trotz alledem".

Sei es bei der Arbeit, bei der Erhaltung der Natur, beim Einsatz für den Frieden und die Menschlichkeit, wir müssen unseren abhanden gekommenen Mut, unsere Zuversicht, immer wieder neu entfachen, denn:

> *„Damit der Zukunft Feuer brennt und wir auf erreichte Ziele stolz. Dass jeder seine Aufgabe kennt, loderndes Feuer braucht gutes Holz!".*

Ich denke, meine Gedichte sind oft traurig und wütend, immer ernsthaft und wenn es gut geht, humorvoll. Für mich ist es am wichtigsten, dass immer die Menschen im Mittelpunkt meiner Texte stehen.

Ich habe versucht, eine Sammlung politischer Begebenheiten und Gedanken in klare Worte zu fassen und dem Titel „Trotz alledem" einen optimistischen Inhalt zu geben.

Die in diesem Buch versammelten Texte, sollen es möglich machen, unsere Erinnerungen mit unserer Zukunft zu verbinden.

"Trotz alledem"

Am 10. Januar 1919 hat Karl Liebknecht eine Rede mit dem Titel

„TROTZ ALLEDEM!“

gehalten. Die Rede wurde in der Zeitung **Rote Fahne** abgedruckt. In dieser Rede beschäftigt sich Karl Liebknecht mit dem Spartakus-Aufstand und der Niederlage der Revolution der Arbeiter und Matrosen.

Redner, Karl Liebknecht, um 1911

Zur Einführung in die Texte dieses Buches habe ich, in Anlehnung an Karl Liebknechts Rede, folgendes neu formuliert:

9

TROTZ ALLEDEM (1990)

„Der Sozialismus gescheitert!"

Jawohl! Gescheitert der erste sozialistische Staat auf deutschem Boden!

Jawohl! Enteignet ist das soziale Eigentum des Volkes, zum Wohle des Großkapitals.

Jawohl! Mit dem Versprechen für blühende Landschaften, wurde die Heimat verramscht.

Jawohl! Gescheitert. Denn sie wurden verraten, auch von den eigenen Genossen.

Jawohl! verkauft von den Profitgeiern den „lieben" Brüdern und Schwestern aus dem Westen. Und sie wurden gelähmt durch Unentschlossenheit und Schwäche ihrer Leitungen. Und die riesige gegenrevolutionäre Schlammflut des Internationalen Kapitals ersäufte sie.

Jawohl! Gescheitert. Und es war eine historische Niederlage. Die Zeit wurde nicht genutzt, das Personal war unfähig, die Arbeiter uneinig und die Kapitalisten vereint.

Der Kampf der Frauen und Männer gegen den Faschismus wurde, zum wiederholten Male, verraten. Die Niederlage im Kampf um eine sozialistische Welt schwächt sie, jedoch die Lehre, dass das Sein das Bewusstsein bestimmt, gilt unverändert. Wenn die Lehren aus den Fehlern der Vergangenheit gezogen werden, kann die Zukunft sozialistisch sein.

Jawohl! Der erste Versuch ist misslungen!

Und die Profiteure des Kapitals haben gesiegt.

Sie haben gesiegt, denn die Apparatschiks in Verbindung mit der eigenen Unfähigkeit lieferten die Munition für die Propagandakanonen der Imperialisten.

Ich schließe mit dem Schlusswort von Karl Liebknecht aus dem Januar 1919:

Die Geschlagenen von heute werden die Sieger von morgen sein. Denn die Niederlage ist ihre Lehre. Noch entbehrt ja das deutsche Proletariat der revolutionären Überlieferung und Erfahrung. Und nicht anders als in tastenden Versuchen, in jugendhaften Irrtümern, in schmerzlichen Rückschlägen und Misserfolgen kann es die praktische Schulung gewinnen, die den künftigen Erfolg gewährleistet.

Und ob wir dann noch leben werden, wenn es erreicht wird – leben wird unser Programm; es wird die Welt der erlösten Menschheit beherrschen.

Trotz alledem!

5 Tage nach dieser Rede wurden Karl Liebknecht und Rosa Luxemburg von Reichswehroffizieren ermordet.

Trotz alledem!

Frei nach Robert Burns 1843 und Ferdinand
Freiligrath 1848

Wie traurig euer Los auch sei,
hebt hoch die Stirn, trotz alledem!
Einmal geht auch das vorbei,
wagt ihr zu sein trotz alledem!
Trotz alledem und alledem,
trotz altem Filz und alledem,
das Jetzt ist ein Momentum nur,
Bewusstsein wird, trotz alledem!

Das ist der Wind der Politik.
Mit Mehltau, Reif und alledem!
Das ist der Kapitalisten Strick,
er fesselt uns, trotz alledem!
Trotz alledem und alledem,
trotz Lügen, Trug und alledem,
er hängt noch und er bindet uns,
wie früher fast, trotz alledem!

Die Waffen, die der Sieg uns gab,
der Sieg des Rechts, trotz alledem,
die nimmt man jetzt uns wieder ab,
samt Menschenrecht und alledem!
Trotz alledem und alledem,
trotz Parlament und alledem,
wir werden unsre Würde los,
nur Wählervieh, trotz alledem!

Doch sind wir frisch und wohlgemut,
und zagen nicht, trotz alledem!
In tiefer Brust des Zornes Glut,
die hält uns warm trotz alledem!
Trotz alledem und alledem,
es gibt uns noch trotz alledem!
Wir schütteln uns und stehen auf,
denn weiter geht's, trotz alledem!

Und wenn das Parlament sich irrt,
und Fehler macht, trotz alledem!
Und wenn der Bock zum Gärtner wird,
mit schlappem Hut und alledem,
trotz alledem und alledem,
trotz Dummheit, List und alledem,
wir wissen doch, die Menschlichkeit
behält den Sieg, trotz alledem!

Und wenn der Mob zurück auch kehrt,
mit braunen Lügen und alledem!
Sein hässliches Schrei'n hat keinen Wert,
ein böser Hass trotz alledem!
Ja doch: trotz all- und alledem,
die Menschlichkeit, trotz alledem,
bricht Wut und Hass entzwei,
in aller Welt, trotz alledem!

So füllt denn nur der Liebe Herz,
mit Zärtlichkeit und alledem!
Wir halten aus den tiefen Schmerz,
wir wanken nicht trotz alledem!
Trotz alledem und alledem!
und macht ihr's gar, trotz alledem,
wie zu Hambach in dem Wald,
das hilft erst recht, trotz alledem!

Nur, was euch nutzt, vertretet ihr,
wollt nur Profit, trotz alledem!
Wir sind das Volk, die Menschheit wir,
sind ewig drum, trotz alledem!
Trotz alledem und alledem,
so kommt denn an, trotz alledem!
Ihr hemmt uns, doch ihr zwingt uns nicht,
unser die Welt, trotz alledem!

GESCHLAGEN, ABER NICHT BESIEGT 1990

Enttäuschend, wie unser Heimatland
im Kapitalismus sich verbiegt.
Von München bis zum Nordseestrand,
geschlagen, aber nicht besiegt.

In dieser Gesellschaft gilt nur Profit,
der Humanismus am Boden liegt.
Ein Volk macht das nicht ewig mit,
geschlagen, aber nicht besiegt.

Unser Sein bestimmt das Bewusstsein,
wissend, dass die Utopie Kreise zieht,
wie ein ins Wasser geworfener Stein,
geschlagen, aber nicht besiegt!

1989

Ein erster Versuch, gescheitert, misslungen,
mich schaudert es unter der Gänsehaut.
Der Eltern Erbe es ist uns verloren,
es wurde nicht auf das Volk geschaut.

Menschen befreit von vermeintlichen Ketten,
noch spüren sie nicht die fremde Macht.
Jetzt dürfen sie reisen wohin sie wollen,
vom Mammon gefangen, arm in der Pracht.

Gemeinschaft vergangen, Kollektive nichts wert.
Recht auf Arbeit, das war einmal.
Kinderkrippen, Genossenschaften, Fabriken,
Ende - abgewickelt - Kapitalismus brutal.

Zugegeben, es stimmt, ist wohl wahr,
Sozialismus geht anders zu machen.
Wir müssen Fehler erkennen und lernen
und dann Sozialismus richtig machen.

Panzerkreuzer Aurora, (Leningrad) Foto, Wülfrath

OKTOBERLIED

Neunzehn siebzehn im Monat Oktober,
laut hallte ein Schuss von der Neva her,
Hoffnung für die Befreiung der Welt,
groß waren die Opfer, sie litten sehr.
In diesen revolutionären Tagen,
die Menschen hatten sich aufgestellt.

       Es kämpften Arbeiter, Bauern, Soldaten,
       für sich und eine bessere Welt!

Großbauern enteignet, Fürsten enttrohnt,
Fabriken kamen in Arbeiterhand,
Offiziere wurden von Soldaten gewählt,
es entstand ein sozialistisches Land.
Rund um die Erde flog laut das Signal,
>in Russland ist der "Acker" bestellt!<

Es kämpften Arbeiter, Bauern, Soldaten,
für sich und eine bessere Welt!

Schwarze Tage im 1991er Jahr,
zusammenbrach was fruchtbar schon.
Belogen, betrogen, verkauft das Land,
geschändet die Opfer der Revolution.
Die Menschen und das Land verraten.
Jedoch, wenn das Volk sich neu aufstellt,

dann kämpfen Arbeiter, Bauern, Soldaten,
für sich und eine bessere Welt!

VERPASSTE CHANCE

Als die DDR in Deutschland entstand,
nach der Gründung der BRD,
war der Wunsch nie wieder Krieg,
gescheitert der Versuch - das tut weh'.

Es hatten die Sozialisten die Chance,
das Volk hielt die Macht in der Hand.
Zum Faschismus die Alternative,
alles zerfallen zu Staub und Sand.

Was ist geschehen im Land?
Der Aufbau ist nicht gelungen,
undemokratisch die Taten.

Es raubt mir den Verstand.
Die Alternative misslungen,
der Fortschritt verraten.

ÜBER EIN UNGLÜCK

enttäuscht vom ende eines versuch's
erkannte ich den verlassenen kindergarten
sah' die trümmer unserer zukunft liegen

es gibt noch spielgeräte bälle und sandkästen
das haus noch halten die mauern
die zerfallenden dächer gestützt
vergangener zeiten frohsinn
spürbar manch kindergesicht die wände
noch zeigend die reste fröhlicher bilder
einst von fortschritt zeugend dem verfall
preisgegeben
das haus einer besseren zukunft
ist nicht mehr

ENTTÄUSCHUNG

Du hast mich gelehrt in frühen Jahren
wie die kapitalistische Gesellschaft ist.
Manch schlimmes hab' ich erfahren,
ich habe den Sozialismus vermisst.

Große Worte hab' ich vernommen,
sie leuchteten ein, sie klangen so gut,
aber dein Handeln wurde verkommen,
verraten der Väter vergossenes Blut

Ich hab' mich getäuscht in dir „Genosse",
dir geglaubt, dumm und ohne Kritik,
so haben wir den Sozialismus zerstört.

Du tratest die Hoffnung in die Gosse.
ich kämpfe mich zur Wahrheit zurück,
dass sie nie mehr Apparatschiks gehört.

SONETT VON DER MORAL

Als die "Wende" war vollendet
und zu Ende die Republik.
Traurig war ich, mit einem Klick
wurde meine Hoffnung beendet.

Plötzlich waren alle im Widerstand,
kaum jemand stand für sich ein.
Sieger wollten geschmeichelt sein,
der Ablasshandel lag auf der Hand.

Alle Versuche zum besseren Leben,
wurden verteufelt, verlacht
und alles Gute ausgeblendet.

Ohne sich selbst eine Chance zu geben,
wurde der Rücken krumm gemacht
und sozialer Fortschritt beendet.

VERKAUFTE HEIMAT

Verkauft ist das Land, in mir ist Wut,
schwer wird es sein neu zu beginnen.
Ich denke, viel Zeit wird zerrinnen,
doch unsere Idee ist immer noch gut.

Alt ist sie, doch immer noch richtig,
aufstehen und kämpfen, was immer man tut,
von allem am wichtigsten ist unser Mut,
unverzichtbar, solidarisch, alles ist wichtig.

Wir lernen aus Fehlern und erkennen,
wer immer nur billigen Branntwein säuft,
wird immer hinter dem Fortschritt rennen.

Wir haben folgenden Plan ausgedacht:
Eine Zukunft die friedlich verläuft,
und ein Land in dem das Volk lacht!

WIE SCHAFFE ICH ES?

Wie schaffe ich es
in meinem blauen Hemd
und bäte ich die strahlende Sonne
auf meinem Ärmel um Hilfe

Wie kann ich mit Mut und Kraft
aushalten die Niederlage
wenn die verlorene Heimat
zerbrochen liegt.

Eine neue Utopie?

FDJ-Hemd

**Vielleicht gibt es schönere Zeiten -
aber diese ist die unsere.**

Jean-Paul Sartre

*"Nur jenes Erinnern ist fruchtbar, das zugleich
erinnert, was noch zu tun ist"*

(Ernst Bloch)

MEINE KONKRETE UTOPIE

Nach dem Ende des Feudalismus
hat der Kapitalismus
das streben nach Profit und
das Privateigentum
zu Göttern erhoben und
damit die Entwicklung einer
menschlichen Gesellschaft
ausgeschlossen.

Noch ist der Kapitalismus
das Gesetz dieser Welt.
Er ist der Starke und bestimmt
was zu seinem Vorteil ist.
Die herrschende Politik ist
beherrscht von den Besitzenden.
Ihre Macht ist das Eigentum der
Produktionsmittel.

Nach dem Ende des Kapitalismus
werden die Ausgebeuteten
die Besitzer der Produktionsmittel.
Die bisher Schwachen
stehen auf und
organisieren ihre Welt,
bauen eine humane
Gesellschaft.

Und nie wieder gibt es
Ausbeutung und Krieg.
Geprüft wird jede Maßnahme
nach ihrem Wert für das Volk.
Jeder arbeitet nach seinen
Fähigkeiten, den Lohn
bekommen Alle nach ihren
Bedürfnissen.

Karl Marx, 1875

FÜR EINEN ALTEN KÄMPFER

Er ist ein alter Kämpfer
und als Marxist bekannt.
Geboren vor vielen Jahren
in einem kapitalistischen Land.
Weil er die Menschen liebt,
ist er zum Kämpfer geworden,
streitend für Freiheit und Frieden
und gegen sinnloses Morden.

Er spricht eine deutliche Sprache,
damit ihn alle versteh'n.
Um Essen und Wohnung und Arbeit
muss der Kampf sich dreh'n.
Er hat die klarsten Gedanken,
mahnt, dass man nie vergisst,
die Eigentumsfrage zu stellen,
weil die am wichtigsten ist.

Und wie es weitergeht
berichten seine Genossen,
Weil jeder seine Worte versteht,
haben sie gemeinsam beschlossen,
trotz Niederlage und Not,
dass man dem Kampfe sich stellt,
gegen Lügen, Krieg und Hass,
für eine bessere Welt.

Er ist ein alter Kämpfer
und als Marxist bekannt.
Wir wollen ihn heute ehren
und versprechen ihm in die Hand,
dass wir gemeinsam kämpfen,
bis die alte Ordnung zerbricht.
Gemeinsam mit ihm wird's gelingen,
unsere Welt bekommt sein Gesicht.

DAS SEIN BESTIMMT DAS BEWUSSTSEIN

Von Marx und Engels will ich lernen,
was jedoch nicht so einfach ist.
Ausdauernd studiere ich, bis in fernen
Gedanken, sich die Philosophie erschließt.
Lernend wird mir allmählich klar,
dass Wissenschaft weder aus Sternen,
noch als Zauber in die Gedanken fließt.

Und wenn ich ständig hinterfrage,
alles, was mir erklärt, gesagt wird,
jedes Wort, Hosianna und Klage,
ehrlich gesprochen oder verführt,
dann wird mir immer deutlicher klar,
und es bestätigt mich wenn ich sage,
dass Erkenntnis zum Bewusstsein führt.

Die Frage lautet. Wer bestimmt was
und wem wird es endlich nützen?
Das was getan wird, und das was
draus wird, wen kann das schützen?
Der Sinn einer Tat wird erst richtig klar,
wenn das Ergebnis, hoch wie das Gras,
Wurzeln aus Wissen hat es zu stützen.

Das konkrete Sein hat mich gelehrt,
dass zum Grundsatz meiner Philosophie,
die Lehre von Marx und Engels gehört.
Wenn sich mein Wissen vergrößert wie nie,
wird meine Erkenntnis erweitert und klar.
Weil das Sein das Bewusstsein erklärt,
sind keine Lehrer so wahrhaftig wie sie.

VON DENEN DIE GEBRAUCHT WERDEN

Da gibt es die, die nachher die Klügsten sind,
sie haben immer alles schon vorher gewusst.
Sie sind in sich selbst verliebt, ohne eigene Meinung.
Diese sind für die gesellschaftliche Entwicklung
ungeeignet!

Da gibt es die, die erfahren und mutig sind,
diese glauben an sich und wissen um ihren Erfolg.
Sie erkennen die Dialektik der Prozesse,
aus diesem Grunde, sind sie
unverzichtbar!

Da gibt es die, die dem Wissen nachspüren,
sie erforschen die Bewegungsgesetze der
Gesellschaft. Es sind die Lehrer, die dem Volk ihr
Wissen vermitteln. Damit Menschen lernen können,
brauchen sie die Lehrer.

Da gibt es die, die immer nachfragen und zweifeln,
sie wollen nicht glauben, sie wollen alles wissen.
Diese Zweifler stellen das Wissen vor den Glauben,
sie sind nötig, sie sind die Hüter der Wahrheit!

Unverzichtbar sind die Erfahrenen und die Mutigen,
Unverzichtbar sind die Lehrer und die Lernenden
Unverzichtbar sind die Hüter der Wahrheit.

Unverbesserliche Besserwisser jedoch sind
verzichtbar.

WER NICHT KÄMPFT WIRD UNTERGEHN

Als alle Hoffnung zerbrochen,
breitete sich Enttäuschung aus,
zerbröselten meine Gedanken.
Ich trauerte um mein
verlorenes Heimatland.

Aus lähmender Starre erwacht
Sind meine Gedanken befreit.

Nüchtern geht der Blick zurück,
muss alle Fehler verstehen.
Ich denke in der Vergangenheit,
wollte ich die Übel nicht sehen?
Ich war nicht gescheit.

Realität wollte ich nicht sehen,
niemals Kritik formuliert.
Jetzt kann ich vieles verstehen,
habe so manches kapiert.

Die Niederlage wird bewusst
und ich sehe es ein.
Nach glücklicher Zeit, tiefschwarze Nacht.
Der Fortschritt verloren,
die Zukunft verspielt.
Es gibt keinen Sieg,
keine Revolution.

Mag auch ein erster Versuch vergehen,
der Kampf ist noch nicht verloren,
denn nur wer kämpft,
wird nicht untergehen!

*"Der Himmel weiß, dass wir uns niemals
unserer Tränen schämen müssen,
denn sie sind der Regen auf den blind
machenden Staub der Erde,
der über unserem harten Herzen liegt."*

Charles Dickens, (Große Erwartungen , Kapitel 19)

DER GEIST STEHT NOCH LANGE NICHT STILL

Die Jahre vergehen. Mit Bier, Schnaps und Wein
säuft er gegen die Enttäuschung im Kopf.
Doch es hilft nicht besoffen zu sein,
je mehr Schnaps, um so leerer der Kopf.

Mit Freud und Leid, mit Fortschritt und Pleiten:
Wie war die Heimat als sie verging?
Warum ließ das Volk sich so lange verleiten?
He, Leute! Wann ist er zerbrochen der Ring?

Wo immer er ist, an allen Orten, fragt er
Was der Fehler in der Geschichte sei.
Er fragt laut, doch niemand versteht,
Dass er von Unglück und Zweifel nicht frei.

Er sieht das verlorene Land, hört die Lügen,
um ihn nur tosendes Unrechtsgeschrei.
Er bemerkt in den Reden den falschen Ton,
vom Freiheitsgeschwätz wird niemand frei.

Es gilt sich in späterer Zeit zu erinnern,
wo sind die Chancen wo sind sie geblieben?
Werden mutig, die von Erkenntnis geküssten,
wird das nächste Kapitel besser geschrieben.

Und wenn er ermattet von vielen Kämpfen,
von böser Verfolgung sein Herz zerrissen,
hört er, bevor er innerlich fast zerbricht,
von wahren Genossen die ihn vermissen.

Über den bitteren Gedanken, der Mutlosigkeit,
der verlorenen Kämpfe, der erloschenen Glut,
stehen Glück und Freiheit, Frieden und Recht,
Zuversicht statt Schnaps und Wein, das gibt Mut.

Trotz der vergebenen Chancen der Revolution
und der Fehler die er nicht verschweigen will,
wenn auch ein erster Versuch misslungen,
nur Mut, der Geist steht noch lange nicht still.

MARXISMUS IST EINE REVOLUTIONÄRE WELTANSCHAUUNG *(Rosa Luxemburg)*

Revolutionäre Weltanschauung muss
beständig um neue Erkenntnisse ringen.
Erstarrung in festgefahrene Formen
beendet den revolutionären Fortschritt.

Nur geistiges Waffengeklirr mit
selbstkritischen Blitz und Donner
wird die Geschichte der Menschen
und ihre lebendige Kraft bewahren.

Clara Zetkin & Rosa Luxemburg 1910

35

ERINNERUNG AN CLARA ZETKIN

Wenn soziale Gerechtigkeit
vom allgemeinen Stimmrecht
abhinge,
dürfte es in Ländern
mit diesem Recht
keine soziale Frage geben.

Wenn soziale Gerechtigkeit
nicht vom zitierten Stimmrecht
abhängt,
kann dann die Befreiung
der Arbeit vom Kapital
die soziale Frage lösen?

WEM GEHÖRT WAS?

Der Kapitalismus lebt,
von Beginn an unverändert.
Seine Struktur
hat Marx beschrieben.

Auch die Konkurrenz
zwischen den Mächtigen
ändert die Bedingungen
für das Grundsätzliche nicht.
Warum sollte der Kapitalismus
sich auch ändern?

Das Eigentum
macht den Unterschied.
Das muss man
ändern!

FREIHEIT OHNE FRIEDEN GEHT NICHT

Die Produktion von Bomben
wird endgültig beendet.

Panzerfabriken stellen nur noch
Nutzfahrzeuge her.

Kriegsgerät wird
vernichtet.

Gewalt als Mittel der Politik
wird für immer
verbannt.

Freiheit
ist immer Freiheit der
Andersdenkenden

Rasa Luxemburgs Worte sind
Richtschnur unserer
Zukunft.

NICHT WEHRLOS

Wenn leichte Strohhalme
sich auf des Stromes Wellen legen,
sind sie ausgeliefert den Mächten,
welche den Strom bewegen.

Steht eines Menschen Ansicht
der „herrschenden" Meinung entgegen,
ist er ausgeliefert den Mächten,
welche diese Meinung bewegen.

Wem das unabänderlich scheint,
der duldet und ist niemals dagegen
und bleibt ausgeliefert den Mächten.
Er wird ganz sicher nichts bewegen.

Der aber, der die Veränderung will,
der tritt dem Starrsinn entgegen.
Nicht mehr ausgeliefert den Mächten
wird er selber die Zukunft bewegen.

Die Strohhalme haben keine Wahl,
sie wird das Wasser versenken.
Die Menschen aber, sie haben die Wahl,
bewegt zu werden – oder selber zu denken.

So genannte Freihandelsabkommen sind
Kniefälle der Regierungen vor dem Kapital!

Politiker verkaufen die Rechte ihrer Völker an transnationale Konzerne. Die Gewaltenteilung wird durch private Sondertribunale, so genannte Schiedsgerichte, der demokratischen Kontrolle entzogen.

Defakto wird eine Paralleljustiz zugelassen.

Das im Grundgesetz (Art. 92) verankerte richterliche Rechtsprechungsmonopol wird ausgehebelt.

TTIP, DER GEHEIMVERTRAG

Was sie ins Vertragswerk schreiben,
soll für die Menschen ein Rätsel bleiben.
Niemand, der Information für uns hat,
Verhandlungen finden im Geheimen statt.

Man sagt, der Handel würde bedroht.
Bei der Entscheidung sind wir nicht im Boot.
Was da verhandelt bleibt unbekannt,
Konzerne haben das Heft in der Hand.

Und ist am Ende der Handel frei,
bleibt's für die Völker Betrügerei,
bei der nur der immer gewinnt,
dessen Aktien am erfolgreichsten sind.

Was tun die Fürstengeschlechter,
außer, das Geld der Völker verbrauchen?

WARUM DER ADEL GEBRAUCHT WIRD

Die reichen Adligen - das sollten wir wissen -
haben sich als erste dem Bürgertum zugewandt.
Schreitend durch ihre dunkle Vergangenheit,
huldigen sie Mammon, dem gemeinsamen Gott.

Ihre eigene Macht anbetend,
leben sie in ihren prächtigen Raubritterburgen,
wichtige Helfer in den Märchen für das Volk.

Mit der bürgerlichen Revolution eilten sie,
zu nutzen die neue Macht.
Parasiten -
machtgierig, gewissenlos, die Freiheit des
Volkes einsperrend in die goldenen Käfige
ihrer blutigen Vergangenheit.

SCHLAPPHÜTE

Wenn das Verbot faschistischer Organisationen
nicht möglich ist, weil V-Leute der
Geheimdienste
Mitglieder dieser Gruppierungen sind,
stellt sich die grundsätzliche Frage
nach dem Sinn solcher Aktionen.

Wenn in der mörderischen Neonazi-Zelle
National Sozialistischer Untergrund
Schlapphüte des Verfassungsschutzes tätig
sind,
bleiben Mitwisserschaft und Schuld
nur verkalkten Ignoranten verborgen.

Wenn mittels der geheimdienstlichen
Schlapphüte
faschistische Gruppierungen und Parteien
geschützt und nicht belangt werden können,
sind die Dienste aufzulösen, die Schlapphüte
müssen an den Nagel gehängt werden.

WER SCHWEIGT STIMMT ZU

Ich will keinen Streit
und ermahne mich: Sei still!
Sollen die Anderen sich streiten.
Was geschehen soll, geschieht,
geschieht mit oder ohne dich.
Mein Gewissen ist erfroren.
Und die Kälte tut alles,
auch die Liebe zu frosten.

Was soll ich nur machen?
Warum reden statt schweigen?
Was soll das? Was wird das bringen?
Bin ich meiner Feigheit Fehlgeburt?
Bin ich ein Lump,
ein gewissenloser Zeitgenosse?
Welchen Wert hat der Frieden,
wenn Kriege ihn bedrohen?

Wütend machen mich Kriegsberichte,
mancher Medien falscher Ton.
Hinter welkenden Lügenblüten
wird die Wahrheit verdeckt.
Und ich frage Tag und Nacht:
Sind wir schuldig durch schweigen,
mitschuldig am ersticken der Wahrheit?
Das will ich fragen, bin nicht mehr still.

Was mir sicher schien, ist Dummheit.
Vertreibend die Nebel der Unwissenheit,
wird mir bewusst, falsch ist die Ruh`.
Richtig ist: „Wer schweigt stimmt zu"!

STATIONEN

Angst ist das Rauschgift der Populisten,
kritiklos werden - die ihr verfallen.
Rassismus ist das Opium der Hetzer
letzte Station vor dem Absturz.

Versprechungen sind die Köder der Verführer,
geopfert werden - die ihnen glauben.
Dummheit ist der Beginn des Untergangs,
letzte Station vor der Ohnmacht.

Macht ist der Schutzschirm des Eigentums,
privilegiert werden - die rücksichtslos sind.
Armut ist der Vorhof des Faschismus,
letzte Station vor dem Ende.

Lügen sind die Formeln der Verführer,
erstarken werden - die nicht glauben.
Wissen ist der Schlüssel zur Veränderung,
erste Station gegen die Angst.

Widerstand ist der Beginn der Menschwerdung,
gewinnen werden, die ihn leisten.
Erkenntnis ist der Schlüssel zur Veränderung,
letzte Station vor der Revolution.

Die Freiheit führt das Volk'

**Solange die herrschende Freiheit,
die Freiheit der Herrschenden ist,
Solange gibt es die Unfreiheit der
Beherrschten.**

g. w.

SONNENAUFGANG

Nicht vermiesen lassen,
deine Grundsätze.
Sie helfen zuverlässig
über manche Hindernisse
die sich dir in den
Weg stellen.

Nichts ist wichtiger
als du selbst -
Rezepte verfolgend
die unbrauchbar sind
bremsen dich aus,
helfen nicht.

Begrüße freudig
jede neue Utopie.

Wo der Geist erwacht
geht die Sonne auf.

FREIHANDELSVERTRAG

Liebe Bürger, das ist nicht leicht,
mit dem Freihandelsvertrag.
Ich denke, dass es jetzt reicht,
es übertrifft, was je uns im Magen lag.

Wir lassen uns nicht länger verführen,
Widerstand ist es der jetzt zählt,
sonst wird das Unglück passieren,
dieser unsägliche Freihandelsvertrag.

Denn er ist ganz unbeschreiblich,
dieser unsägliche Freihandelsvertrag,
das zeigt sich jetzt sehr deutlich,
die Gefahr wird größer mit jedem Tag!

Die Verhandlungen sind sehr geheim
mit großem Unrecht und Schiedsgericht.
Immer mehr Menschen sagen nein.
Ungehorsam wird jetzt zur Pflicht.

Die Glaubwürdigkeit der Politik,
schon lange verloren gegangen,
kommt nicht mit Lügen zurück.
Wir müssen mehr Demokratie erringen

Und mit dem Widerstand beginnen,
mit vielen Menschen, Tag für Tag,
dann kann das Scheitern gelingen.
Dieser unsägliche Freihandelsvertrag.

Freunde, was können wir sonst sagen?
Sind wir letztendlich gemeinsam bereit,
das Vertragswerk zu begraben
und zwar für immer, für alle Zeit?

Wir haben endlich davon genug,
von diesem Freihandelsmist,
wir nennen es so lange Betrug,
bis der Vertrag gescheitert ist.

FREIHANDEL, FÜR WEN?

Wenn die so genannten „Freihandelsabkommen"
unterzeichnet, wird den Völkern ein großes
Unglück geschehen und multinationale Konzerne
werden triumphieren.

Die Menschen müssen für alles bezahlen,
in allen Ländern, ohne Alternative
und gemeinsam leiden,
mit denen, die ihnen gleich.

Regierungen werden von Arbeitsplätzen
schwadronieren, während Nachteile für die
Menschen unübersehbar sind.

Niemals darf ein Abkommen unterzeichnet
werden, dass die Souveränität der Völker
einschränkt.

Wenn die „Freihandelsabkommen" scheitern
Werden die Völker wirkliche Freiheit gewinnen.

ODE AN DIE FREIHEIT

Freiheit, sei wachsam,
lasse dich nicht in Fesseln legen,
traue nicht denen,
die mit Panzern und Kanonen drohen,
dich zu verteidigen.
Lass dich auf keinen faulen Handel ein,
lass die Völker
Lieder singen in allen Sprachen,
der Kriegswaffen Zünder vernichten,
sich in Freundschaft treffen,
gemeinsam tanzen,
sich umarmen in allen Erdteilen.
Es wird kommen die Zeit,
in der wir verbannen werden
Bomben und Panzer.
Die Freiheit den Menschen
und sie wird da sein
für alle, uneingeschränkt.

Kriege ersticken die Freiheit.

WENIGER RÜSTUNGSPRODUKTION

Höre Regierung, das ist schlecht,
weniger Rüstungsproduktion.
Die Industrie befürchtet zu Recht
der Gewinne Inflation.
Das ist unbedingt zu vermeiden,
nicht Morgen, sondern Heute schon,
es trifft die Rüstungsindustrie sehr,
weniger Rüstungsproduktion.

Das kann doch ein jeder verstehen
die Not der Rüstungsindustrie
und es ist auch deutlich zu sehen,
jeder erkennt, was das Ergebnis ist.
Es wird Arbeitsplätze kosten,
die Industrie macht das nicht mit,
denn das ist ja nicht zu ertragen,
mit dem sinkenden Profit.

Die Förderung durch die Regierung,
für die Rüstungsproduktion,
befindet sich in größter Gefährdung,
man erkennt ihre Wirkung schon.
Die Waffen sind oftmals defekt,
die Regierung droht, sich zu verlaufen,
sie will mehr Geld, um Waffen
in anderen Ländern zu kaufen.

Was können wir nur anderes tun?
Oder gibt es ein neues Rezept?

Lassen wir die Waffenproduktion ruh'n?
Kein Profit, stattdessen Respekt?
Aber das alles geschieht hier nicht:
Die Rüstungsindustrie, wie sie ist,
gibt nicht eher auf, bis die Politik
wirklich friedlich ist.

KRIEGSSPIELE

Es spielen Generale den Krieg,
das ist krank, ist verrückt.
Kriege sind keine Spiele.
Das Ergebnis, grausamer Tod,
der Menschen aus dem Leben pflückt.

Im Krieg wird die blutige Glut
zum Schicksal gemacht.
Es wird - wie ein Krieg es tut -
die Erde mit Bomben bestückt.
Die Schlacht hat ein Totenhemd an,
überall sieht man Leichen liegen.
Der Tod seine Sense schwingt,
dass die Fetzen fliegen.

Warum dürfen Generale Krieg spielen?
Warum handeln so Wenige von Vielen?
Warum lassen die Vielen das zu?
Warum müssen für den Frieden
Menschen auf Menschen zielen?

WAS IST DAS FÜR EINE ZEIT?

Schreckliche Kriege überfluten die Welt.
Den Zerfall hält niemand auf,
doch alle reden von Fortschritt.
Was ist das für eine Zeit!

Die Flüchtlinge, die unerwünschten,
werden in "Rückführungszentren" interniert.
Freiwillige Helferinnen und Helfer,
werden Volksverräter genannt.
Die in sozialer Kälte erfrieren,
wärmen sich am Feuer der Brandstifter.
Selbsternannte Patrioten, braun gefärbt,
werden zur Hoffnung der Enttäuschten.

Soziale Kälte zulassend,
verkauft Politik die Demokratie.
Die Unfähigen, die uns regieren,
haben die Humanität verloren,
doch sie beschwören sie pausenlos.

Was ist das für eine Zeit?

DER ZUSTAND DER ERDE

So trostlos ist der Zustand der Erde.
Zu Tornados und Tsunamis,
dem Unglück von Hunger und Not,
kommen die Kriege der Welt und
die Schwäche des Friedens.

Was tun wir, das Elend zu bannen?
Was beginnen, und wo, und wann?
Die Notwendigkeiten zerschellen,
an geschlossenen Grenzen,
wie Flüchtlingsboote im Meer.

Frieden, geplantes Glück, versunken
im Wasser, das vom Leben sie trennt.
Dem großen Meer aus Blut und Tränen,
entsteigt grinsend aus kalter Tiefe
die Gier nach Macht und Profit.

Es scheint, als würde die Finsternis
nicht enden. Eine Gesellschaft wo
der Benachteiligten Hass und Wut
ausbricht, aus den Eiterbeulen
uralter, vergifteter Gedanken.

Die alten Rezepte, die bürgerlichen,
helfen nicht mehr. Die Epidemie
des Hasses ist nur durch die Zerstörung
ihrer Keime zu bekämpfen. Stärkend
das Immunsystem des Friedens.

ÜBER DIE KÄLTE

Wann ist es kalt?
Wenn der Ofen nicht heizt,
Wenn ich keine warme Kleidung habe,
Wenn meine Schuhe löchrig sind.

Warum ist einer erfroren?
Weil er keine Kohlen hatte,
Weil er ohne Kleider war,
Weil seine Schuhe ihn nicht schützten.

Das ist ein großes Unglück!
Denn jeder hat ein Recht auf Heizung,
Denn alle sollen warme Kleider haben,
Denn der Mensch braucht gute Schuhe.

Warum aber ist es wie es ist?
Weil die Erfrorenen sich abgefunden haben!
Weil die Herrschenden sich sicher fühlen!
Weil die Beherrschten das nicht ändern!

Katastrophen des Krieges, Francisco Goya 1810s.

Ich weiß nicht, welche Waffen im nächsten Krieg zur Anwendung kommen, wohl aber, welche im übernächsten:
Pfeil und Bogen.

Albert Einstein

DEFIZIT

Der lange Marsch
vom Krieg zum Frieden.
Wie Wasser
verrinnt die Erinnerung
im Nebel.

Jahrzehnte
durchqueren wir die Zeit
und bemerken nicht
was wir vergessen.
Menschlichkeit zumeist

Visionen in unseren Träumen
manchmal nicht reif
sie zu verwirklichen
zu ungeduldig
das Leben zu entdecken

KRIEGSWAFFEN

Die Häuser in allen Ländern
sollen sehr lange noch stehen.
Politiker schicken Soldaten in Kriege,
wollen die Gefahren nicht sehen.
Und niemand hält sie auf.

Wenn die Freiheit im Profit erstickt
werden aus Rüstungskonzernen
Waffen in die Welt geschickt.
In Kriegen und in Schlachten
sind Militärs und Politiker blind.

Wie kommt es, dass Menschen
so unmenschlich sind?
Und wenn die Soldaten zu Haus,
nach apokalyptischem Krieg,
ist für die Völker auf allen Seiten
das Leid größer als jeder Sieg.

Warum noch Kriege bei diesem Preis?
Wozu eine Rüstungsindustrie?
Was hilft uns aus diesem Teufelskreis,
an dessen Ende nur trostlose Trümmer,
in denen der Opfer Klagen verrauchen.

Wann werden wir endlich erkennen,
dass wir für den Frieden
keine Kriegswaffen
brauchen!

MAJDAN IN KIEW
...was hat der „Platz der Unabhängigkeit" zu bedeuten?

Menschen treten für Selbstbestimmung ein,
tragen ihren Protest zum „Majdan" hin,
wollen das Land von Korruption befrei'n,
rechte Demagogie macht da keinen Sinn.

Soll das Land eine freie Ukraine sein,
seid klug und schaut ganz genau hin.
Wenn falsche Führer ihre Hassreden schrei'n,
giften Swoboda mit Faschisten darin.

Zahllose „Timoschenkos" fordern frech und laut,
schützt das Volk - sie meinen ihre Kassen.
Wer der Hilfe der selbsternannten US Polizei traut,
kann seine Gänse auch dem Fuchs überlassen.

1949 beim Bürgerkrieg in Griechenland,
in Vietnam in vielen Ländern, groß oder klein,
Irak, Afghanistan, und was sonst noch bekannt,
die US-Hegemonie mischt sich überall ein.

Lange schon, eine gigantische Heuchelei,
Obama, Friedensnobelpreis trotz Kriegsexport,
wo solche Helfer sind wird kein Volk jemals frei,
da hilft nur eins, „Ami go home" und das sofort.

MECHANISMEN

Und sie wollten Waffen für den Frieden,
doch sie führten einen Krieg
und es gab in allen Ländern Händler,
die lieferten Waffen für den Sieg.

- **"Ohne Waffen kein Frieden"** -

Wir liefern im Namen der Demokratie.
Und kämpft ihr auch für Hinz und Kunz,
Hauptsache: Die Waffen kauft ihr bei uns.

Und die Händler machten großen Profit,
doch sie sagten das sei noch kein Sieg
und nun beschlossen die Diplomaten,
als politisches Mittel den Krieg.

- **"Ohne Waffen keine Freiheit"** -

Wir liefern im Namen der Demokratie.
Habt ihr auch Frieden und Freiheit gewollt,
uns reicht Waffenhandel und schwarzes Gold.

NACHT

Es sinkt Nacht über die Schlachtfelder.
Der bleiche Mond des Todes
verhüllt sein Gesicht.
Feuerwolken am Horizont.
In den Städten lebt das Sterben
und das Leben stirbt.
Rüstungsschmieden liefern Waffen.
Historische Bauwerke,
zeigend die die Sterne der Geschichte,
von Barbaren zerstört.

Der Frieden ist vorbei.
Die Menschen zwischen den Grenzen
werden zu Bombenopfern.
Ganze Kontinente
versinken im Chaos.
Die Lieder der Völker,
vergessen.
Macht und Habgier
bestimmen die Welt.
Es sinkt Nacht über die Schlachtfelder.

Eine erstickende Stimme flüstert:
Gute Nacht.

Friedrich Engels, (1856)

**Das Denken in Widersprüchen ist nicht
dasselbe wie widersprüchliches Denken.**

g. w.

SONETT AUS MEINER STADT

Warum seine Lehren der Bürger nicht will,
versteht selbst ein pietistischer Kopf.
Das Volk hält nicht länger still,
es schneidet ab den Bürgerzopf,

es kämpft mit Anderen für das Recht.
Er proklamierte es für ihre Klasse.
Sie sind die Mehrheit, sie sind die Masse,
der Kapitalismus ist für sie schlecht.

Es reden die Herrschenden immer,
dass es, wie es ist - bleiben muss -
und sie lügen hinterlistig und glatt.

Er aber zerreißt den falschen Flimmer,
mit dem Kampf ist noch lange nicht Schluss.
Wuppertal - Friedrich Engels Stadt -.

DER KRITISCHE

Statt den Lügen der Regierung zu glauben,
sammelt der Kritische Beweise und Fakten,
zu widerlegen die Propagandisten,
aufklärend die Betrügereien der Banken
und adelige Kriegsspielereien.

Hörend, dass es alternativlos sei,
und das Volk die Banken zu retten hat,
wächst seine Bitterkeit.

Sich vornehmend, die Verhältnisse zu verändern,
die Lügner zu entlarven,
Chancen zu bieten der Wahrheit,
die Demokratie stärkend, durchzusetzen
den Frieden, arbeitet der Kritische,
beständig,
zum Wohle des Volkes.

SONETT VON DER KLAREN SPRACHE

Ich schreibe meine Texte
meist unverschlüsselt aus.
Ich hasse alles verhexte,
mach kein Geheimnis daraus.

Keine falsche Tiefgründigkeit,
die Sprache eindeutig, klar.
In sorgsamer Nachdenklichkeit
lernend von dem, was früher war.

Die Texte sind keine Rätselfragen,
fallen sie auf fruchtbaren Acker
können Erkenntnisse blüh'n.

Ich mag kein leeres Geplapper,
will nicht im Mainstream verglüh'n,
aber klar meine Meinung sagen.

ALTERNATIVE

Statt zu reden mit Ihresgleichen
sitzen die Menschen vor flimmernden Scheiben.

Empört und traurig sehen sie
Berichte von Lug und Betrug
und vom sterben auf den Schlachtfeldern.
Wenn sie hören, dass ihre Freiheit
durch Flüchtlinge bedroht ist,
nicken sie zustimmend mit ihren Köpfen.

Sie krausen wütend ihre Stirn,
wenn klar wird, dass sie im Alter arm sind.
Wenn Berichte über Königshäuser
wichtiger scheinen als Bildungsdefizite
und der Ausverkauf der Kultur,
regt sie das nicht groß auf.

Ich würde mir wünschen,
sie würden sich Zeit nehmen,
miteinander reden und ergründen,
wie sie ihre Empörung, ihre Trauer,
ihre Leichtgläubigkeit, ihre Wut und
ihre Duldsamkeit los werden können.

„Wenn ich etwas für die Armen tue,
bin ich ein Heiliger.
Wenn ich aber frage, warum sie arm sind,
bin ich Kommunist"

Das sagte einer der profiliertesten Vertreter der Befreiungstheologie, Der Brasilianische Menschenrechtler und Bischof Dom Helder Camara:

LOGISCHE FOLGE

Er war kein Heiliger.
Als er den Armen geholfen,
jubelten sie ihm zu. Seine Helfer
brachten ständig Bedürftige.
Er wollte allen helfen.
Daran glaubend, dass Armut
durch Wohltätigkeit zu besiegen sei,
wurde er zum Heiligen.

Er war ein Heiliger.
Als er die Armut hinterfragte,
wurde er beschimpft. Den Elenden
in ihrer permanenten Bedürftigkeit
konnten Almosen nicht helfen.
Wissend, dass Armut nicht
durch Wohltätigkeit zu besiegen sei,
wurde er Kommunist.

SCHLUSSFOLGERUNG

Weil immer mehr Menschen arm sind,
sind Wenige unendlich reich.
Nur weil die Wenigen reich sind,
sind die Vielen so arm.

Wenn niemand mehr arm ist,
gibt es dann noch Reiche?
Wenn die Wenigen nicht mehr reich sind,
sind die Vielen nicht mehr arm?

POLITKAPITALIK
oder was mein Land ist.

Sie klopfen immer die gleichen Sprüche,
sie sind ein dreister Lügenverein,
eklig sind sie, wie schlechte Gerüche
und schläfern unser Denken ein.
> Und sind ihre Reden auch elegant,
> weiß ich genau: Das ist nicht mein Land.

Sie kürzen die Löhne für ihren Gewinn
und sagen, dass es alternativlos ist,
sie hätten nicht die Profite im Sinn.
Warum glauben Menschen den Mist?
> So lang nicht notorische Lügner verbannt,
> weiß ich genau: Das ist nicht mein Land.

Wenn wir die Sprüche nicht mehr glauben,
erkennend den miesen Gedankenbrei,
reklamieren wir für uns die Trauben,
kämpfen vom Kapitalismus uns frei.
> Erst wenn die alte Ordnung verbrannt,
> weiß ich genau: Jetzt ist es mein Land!

International verwendetes Zeichen „Refugees Welcome"

Lasst euch das Singen nicht verbieten,
Wenn auch die Welt aus den Angeln springt
Denn nur wer die Unterdrückung kennt,
weiß wie das Lied von der Freiheit klingt!

g. w.

die straßenreiniger

es gibt straßenreiniger
das sind menschen die
den schmutz von den
straßen fegen
ihn aufsammeln
und wegschaffen
uns von ihm befreien

das ist eine saubere tätigkeit

es gibt straßenreiniger
das sind kreaturen die
menschen aus dem
land fegen
oder internieren
missachtend
die menschenrechte

das ist eine unsaubere tätigkeit

erschöpfung

sie sind erschöpft nach schrecklichen
fluchthöllen
auch jene die schon lange hier sind
entrinnen der erschöpfung nicht
das nicht ertrinken ist nicht die erlösung

was bedeutet ein neues leben
alte grenzen überwunden um doch
vor neuen zäunen zu stehen
ihre freiheit heißt überleben

afrikanisches desaster

die trockenheit kam und der tod hat gelacht
tiere - schwache - alte - kinder
wie die lebenden nicht minder
der hunger hatte sie umgebracht

am anfang wollten sie nicht glauben
dass die wasser nie mehr rinnen
über bleichende rippen wie tote spinnen
blicken abgestumpfte augen

im klimawandel trocknet afrika aus
leben - bäume - sträucher - erde
das reale desaster wird nicht erkannt

das niemand am ende schuldig werde
stellen wir spendenquittungen aus
als empfänger werden tote genannt

rechtfertigung

wir wollen nicht - dass sie ertrinken -
das verbietet die humanität
es bleibt festzustellen
- sie hätten es wissen müssen -

was hätten sie tun sollen
ist keine klärende frage
deutlicher ist
- sie hatten keine chance -

krieg - hunger - und elend
sind härter als nasser tod
- auf uns hören sie nicht -
das ertrinken folgt automatisch

fremd

das fremde
sieht dich an

dein herz
verschließt sich

deine menschlichkeit
wird zur angst

die angst
wird zum hass

und dann
bist du dir fremd

GERMANIA
...die Unbelehrbare

Nichts gelernt,
aus faschistischer Vergangenheit,
ist Germania, die Unbelehrbare,
in braune Wurzeln verstrickt.
Laut rufend,
Asyltourismus beenden.

Und dann,
applaudieren all jene, die,
nicht sehen, nicht hören, nicht sprechen.
Unbeachtet bleiben die Toten,
ertrunken, gestorben, in Wassern
an verschlossenen Grenzen.

In nachfolgenden Zeiten,
im Sumpf zerstörter Demokratie,
ist die Humanität längst liquidiert
und Germania, die Unbelehrbare,
sieht die grässliche Realität,
die ihr das eigene Handeln beschert.

Tote Augen, Frauen und Kinder,
aber Tränen der Trauer,
hat bei Germania niemand erblickt.
Nicht sehen, nicht hören, nicht sprechen,
wohl wissend um ihre Verantwortung,
bei der Verführung der Affen.

Und erneut,
tourt Germania, die Unbelehrbare,
durch ein verratenes Land,
sucht die verlorene Menschlichkeit,
verleugnend ihre eigene Schuld,
bei den Verbrechen der Unbelehrbaren.

WAS MIR SO EINFÄLLT

Wenn ich vom Einsatz der Bundeswehr
zur Terrorbekämpfung im Inneren höre,
warum fällt mir dann "SA" und "Schutzhaft" ein?

Wenn ich Volksverhetzung lese,
und dass eine andere Kultur uns störe,
warum fällt mir dann die "Blöd-Zeitung" ein?

Die Bedingung für die Erfahrung
ist das Leben, nicht das Alter.

MITSCHULD

Ihr seid Menschen,
geboren und aufgewachsen
mit frühen Träumen.
Für gute Bildung
solltet ihr stehen.
Dazu hat man euch
gebildet, geliebt und erzogen.
Dann kam
nach dem Untergang
ein schlimmes Erwachen.
Als das Unglück geschehen,
waren die Fehler zu sehen.

Von Beginn an
wurde nicht bedacht,
welche Folgen
selbstherrliche Apparate haben.
Zu oft wurde der Plan
nicht durchgeführt
und blieb ohne Ergebnis.
Dann zeigte sich,
wie vermeidbare Fehler
sich aufhalten ließen.
Klärend was gelogen wurde,
von wem und warum.

Alle die,
denen ihr nicht widersprochen,
haben euch verraten.
Für Ehrlichkeit
sollten sie stehen.
Dazu habt ihr sie
vorgeschlagen und gewählt.
Es wurde erkennbar,
die schlimme Ignoranz,
gegenüber dem eigenen Volk.
Alle die das ließen geschehen,
müssen ihre Mitschuld gestehen.

DIE FRAGE

Glaubt nur nichts
von den falschen Versprechen
und dem Gemauschel
im Personalkarussell.

Die nie eingehaltenen Pläne
und die markigen Worte.
Windfähnchen und Wendehälse
sind Inhalt und Personal.

Die schlimmsten Lügen
der Volksvertreter
schreibt den Lernenden
in die Schulbücher.

Wer opfert die Bauern,
auf den Schachbrettern
des Lebens,
für welchen König?

Foto: Kurt Ochlich, 1945

Der Schoß ist fruchtbar noch,
aus dem das kroch!

EINMAL WIRD...

Einmal wird jeder Kluge erkennen,
nicht jedes Feuer kann für alle brennen.

Einmal wird jeder Sanfte erdulden,
der Armen Reichtum, ihre Schulden.

Einmal wird jeder Dumme glauben,
Mächtigen könne man Macht nicht rauben.

Einmal wird Jeder bestraft der vergisst,
dass der Kapitalismus ein Übel ist.

FASCHISMUS IST EIN VERBRECHEN

Naziaufmärsche müssen geschützt werden,
die Polizei muss Pfefferspray, Gummiknüppel
und Wasserwerfer,
gegen Antifaschisten und Demokraten einsetzen,
damit die Existenz von Demokratie und Freiheit
nicht gefährdet wird.

Wer Antifaschisten und Demokraten
kriminalisiert und
die Aussage, dass Faschismus ein Verbrechen ist,
als verfassungsfeindliche Parole diskriminiert,
der ignoriert die deutsche Geschichte und
verhöhnt die Opfer der Nazidiktatur.

Das Faschismus keine Meinung, sondern ein
Verbrechen ist, wird durch die leidvollen
Erfahrungen in Europa, durch den Völkermord
an Juden, Roma und Sinti und die gnadenlose
Ermordung von Antifaschisten, Kommunisten,
Sozialisten und Christen belegt.

WAS PASSIERT HIER?

Die Farbe der Alternative ist braun.
Lüge und Hass prasseln
wie zerstörende Hagelkörner
auf die Dächer der Demokratie,
auf die Haut der Schutzlosen,
auf die Gemeinschaft der Menschen.

Wer ist sie? Was will sie?

Der totgesagte braune Schoß
gebiert ein Ungeheuer.
Die Renaissance des Faschismus
liegt in den Betten
sich selbst zerstörender Politik.
Die Erschrockenen
schauen hilflos auf die
blinde Amme Demokratie,
an deren Brust
die braune Brut
immer größer wird.

Was passiert hier?

Wird blinde Demokratie besser
durch populistische Lügen?

Mir wird übel,
ich wende mich mit Grausen.

WANN ???

Nehmen wir an
das rechte Geschwätz
nimmt Überhand -
was machen wir dann?
Fliehen wir unseren Mut
vor der Demagogie?

Nehmen wir an
der Menschen Vernunft
hört einmal auf -
was machen wir dann?
Erschrecken wir vor
der braunen Realität?

Was müssen wir tun,
die wir nicht stillhalten wollen?
Welche Utopie träumen wir?
Wann wollen wir endlich
aufwachen klug werden,
und mutig sein?

PROFIT & EUROPA

Der Profit zerstört Leben,
zerschlägt soziale Standards,
erzeugt Armut,
hebt den Humanismus auf
und wer nicht betroffen,
wird vertrocknen oder ertrinken.
Sterbend,
verlassen von tröstendem Beistand,
ohne Mut und Zuversicht,
stopfen wir Alles, unser Glück,
unsere Solidarität, umgehend
in Abfalltonnen und entsorgen
unser Selbstwertgefühl, unser ich:
Bevor unser Leben allmählich
in finsterster Ödnis zugrunde geh't,
müssen klügere Menschen,
ein neues Europa erschaffen,
das Schlechte der Vergangenheit,
die Gier nach dem Profit,
welche alles zerstört,
muss beendet werden.

Victor Jara, (Montage: Wülfrath)

**Kritiklose Übernahme sogenannter ewiger Wahrheiten
ist etwa so wie darauf zu vertrauen,
dass Wasser Balken hat.**

g. w.

KULTURFASCHISTEN

Die bestimmenden Kulturfaschisten
hatten ihre Urteile bereits gefällt,
sie hatten schon alles bedacht,
weil sie alles bereits zu wissen glaubten.

Sie priesen ihr endgültiges Urteil,
ihre Borniertheit,
ihr unumstößliches Dogma,
ihr hässliches Programm und
ihre verlogene Rechtfertigung.
Ihr Gewissen war tot, vergraben
in den Trümmern der Barbarei.

Mit den Verfemten
traten sie nur noch in Verbindung
durch ihre Verordnungen.
Manchmal erinnerten sie sich
an die Geächteten, dann
fühlten sie sich wie Inquisitoren,
die ihre eigene Rettung verfügt hatten.

Ihre Befehle
verkündeten sie voller Hass.
Weil sie die Wahrheit
nicht wahr haben wollten,
verboten sie ohne Ausnahme,
jede künstlerische Freiheit.
Im Weltbild der Faschisten
hat Kultur keinen Platz.

OSLO 22. Juli 2011,
oder warum Anders Breivik kein Einzeltäter ist.

Sie wollen wie die Kreuzritter sein,
kommend aus dem Orkus,
kämpfend gegen Islam und Kommune,
mordend für ihren "gerechten Krieg".

Verbrecherische Pläne verfolgend,
kriminell handelnd wie Terroristen,
kämpferisch geschult
mit rücksichtslosem Verhalten,
hassend alles Fremde,
aufnehmend die mediale Hetze
gegen multikulturelle Freiheit.

Wachsend wie der Hydra Köpfe
entsteigen Verführer der Unterwelt.
Vorhersagend den Untergang
durch Fremde und Kommunisten
finden die geistigen Brandstifter
ihre hörigen Vasallen
im Giftbrei kranker Gesellschaften.

Belogen, verhetzt, ausgenutzt,
fallen gelassen und verurteilt.
Kreuzritter, Verbrecher, aber
Einzeltäter - das ist verlogen.

Unbescholten, nicht belangt,
Brandstifter - weiter hetzend
Medien und Stammtische.
Verkommene, verlogene Gesellschaft,

Missachtend die Vergangenheit,
auf's Spiel setzend die Demokratie,
benennend nur Einzeltäter.
Nicht fragend nach den Ursachen,
nicht nach den wahren Schuldigen,
macht Politik sich schuldig.

DEUTSCHLAND. KEIN WINTERMÄRCHEN

Zwei in Deutschland sind Volkspartei,
dem Volke stets sagend, was richtig ist.
Die Schwarze betont, dass sie christlich sei,
die Andere war rot, was sie meistens vergisst.

Politische Unterschiede sind marginal,
zu erkennen sind sie sehr schlecht.
Die Einen versorgen das Kapital,
den Anderen scheint das auch recht.

Rot/Grün steht für Krieg nach dem Krieg,
Schwarz und Gelb haben nichts andres getan.
Gemeinsam reden sie von Freiheit und Sieg
und wie man seine Meinung verkaufen kann.

Das erstaunte Volk wundert sich dann.
Erkennend den politischen Einheitsmist,
fängt es unaufhaltsam zu Denken an,
entdeckt, was kein Wintermärchen ist.

GROKO

Als schwarz und rot sich nun vermischten
bis auch der letzte Unterschied verschwand
und Lobbyisten fröhlich im im trüben fischten,
verloren die Klugen fast ihren Verstand.

> Es singt die Regierung das Lied vom Verzicht:
> Oh, Kapital – wir verlassen dich nicht.
> Sie belügen das Volk, so lange es geht,
> bis aus Imperialismus Faschismus entsteht.

Die Klugen erinnern, das hatten wir schon!
Dasselbe Gerede, keine Vernunft ist zu sehen.
Die Warnungen deutlich mit lautem Ton,
wenn jetzt nicht gehört wird, ist es geschehen.

> Es plant die Regierung schlimme Sachen,
> während die Kapitalisten Profite machen.
> Sie belügen das Volk so lange es geht,
> bis aus Imperialismus Faschismus entsteht.

Und die Änderungen im Land sind enorm.
Alle Bürger werden lückenlos überwacht.
In den Schulen unterrichten Lehrer in Uniform,
wer um die Freiheit fürchtet, wird ausgelacht.

> Es mahnt die Regierung dass niemand vergisst,
> wie wichtig Militär für den Frieden ist.
> Sie belügen das Volk so lange es geht,
> bis aus Imperialismus Faschismus entsteht.

Wenn die schwarz – rote Vermischung gelungen
und die Menschen auf das Ergebnis schau'n,
bleibt, auch wenn die größten Lügen gesungen,
als Ergebnis am Ende, ein tiefdunkles Braun.

Das bestreitet die Regierung laut und empört,
es würde die Demokratie vom Volke zerstört.
Sie belügen das Volk so lange es geht,
bis aus Imperialismus, Faschismus entsteht.

AUSWEG

Es gibt nichts mehr
im ausgeräumten Kaufhaus.
Verschwunden sind Waren und Menschen
im Schlund des reinen Profit's.

Sie sind freigestellt
von schlecht bezahlter Arbeit.
Diese Freiheit verbergen die Arbeitslosen
als wären sie selber schuld.

Sie wachen auf
aus ihren Albträumen.
Nicht verbergend die bittere Wahrheit
erkennen sie ihren Ausweg.

Bertolt Brecht, 1954

**Die Schwachen kämpfen nicht,
die Stärkeren kämpfen vielleicht eine Stunde
lang, die noch stärker sind, kämpfen viele
Jahre. Aber die Stärksten kämpfen ihr Leben
lang, Diese sind unentbehrlich.**

Bertolt Brecht

FRAGEN

Leiharbeit ist besser als arbeitslos.
Für wen?

Einmal Leiharbeit, immer Leiharbeit.
Warum ist das so?

Heuern und feuern wird zur Regel.
Wer hat den Vorteil?

Gleiche Arbeit, gleicher Lohn - Nein -
Kann das teile und herrsche sein?

Menschen ohne Selbstwertgefühl.
Wer bestimmt den Wert?

Ausgegrenzt, ausgesiebt, aussortiert.
Wird hier von Menschen gesprochen?

Ihr träumt von einem festen Arbeitsplatz.
Wie lange wollt ihr noch träumen?

Ich kann ja doch nichts verändern,
Hast du es schon versucht?

Wir werden nur verlieren,
Woher weißt du das?

SELBSTVERSTÄNDNIS

Den Kollegen hat er immer gesagt,
das Schicksal nehmt in die eigene Hand.
Ihr seit Alles, wenn ihr nur wollt.
Schaut genau hin und ihr erkennt,
die Einigkeit macht euch stark.
Kein Geheimnis ist die Solidarität.
Kämpfe gewinnt niemand allein.
Doch erkennt er sehr schnell,
wie voller Angst die Menschen sind.
Aufsteh'n kann nur, der unten ist.
Stark wird, der sich erhebt.
Immer neu beginnt der Mutige,
niemals gibt er auf.

BETRIEBSRAT

Kämpfend für seine Kollegen,
erkennend immer neue Probleme.
Erfahrungen sammelnd,
denkt er für einen Moment
an den unglücklichen Freund,
der verzweifelt, ohne Arbeit ist.
Erinnernd an seine Frau, seine Kinder,
begreift er sein großes Glück und
wie wichtig seine Familie ist.
Den Widerspruch gegen die Kündigungen
Schreibt er noch vor der Nacht.
Er tut immer das Notwendige,
das verlangt er von sich.

DIE MACHT DER STEINE

Nicht vergessen
die Kraft der Steine.
Die Machtlosen
müssen sie sammeln.

In den Weg legen
den Mächtigen,
die größten Steine,
sie aufzuhalten.

Dass sie stolpern
und erkennen:
Ihre Macht ist endlich,
nicht in Stein gemeißelt.

Wer verbündet ist
mit den Steinen,
kann aufhalten
die Mächtigen.

DER KÜCHENMEISTER

Verraten das Volk in Griechenland,
es kommen falsche Retter gerannt.
Der freche Banker und sein Kumpan,
der Buchhalter, heizen den Ofen an.
Kochen die Suppe die das Volk frisst,
Küchenmeister ist der Kapitalist.

Ihn freut der Profit, er lacht über dich
denkend, dass er der Größte ist,
Er macht Gewinn aus jedem Mist,
er will keine Götter neben sich,
aber Löhne und Renten kürzen
und damit seine Gewinne würzen.

So geht es nicht nur in Griechenland zu.
Ahnst du vielleicht - der nächste bist du!
Während wir blind sind, nicht bemerken
wie die Banken ihre Gewinne stärken,
fressen wir das Übel, was es auch ist,
Küchenmeister ist der Kapitalist.

Noch freut er sich, er lacht über dich,
überzeugt, dass er unsterblich ist.
Ein mutiges Volk beendet den Mist,
eine bessere Suppe kocht es für sich,
Die Küchenmeister werden verbannt,
überall - nicht nur in Griechenland!

hinweis

wer den kapitalismus
als so natürlich betrachtet
wie zum beispiel
dass regen nass macht

kann eine revolution
wenn sie einmal kommt
nicht als unnatürlich
bezeichnen

konsequenz

wenn euer handeln
euch ehrlich
beschämt

nennt niemals
eure kritiker
unverschämt

Titelblatt 1848

**Damit der Zukunft Feuer brennt
und wir auf erreichte Ziele stolz.
Dass jeder seine Aufgabe kennt,
loderndes Feuer braucht gutes Holz!**

g. w.

ICH HABE GEGLAUBT

Einst hab ich geglaubt, jetzt
kommt die Revolution. Die Fahnen rot,
aus Niederungen schwinden die Nebel
und Freiheit ist nicht mehr bedroht.

Die Mütter drücken ihre Kinder
voller Liebe an die Brust. Über Nacht
hat Frieden und Sonnenlicht,
Hoffnung auf die Zukunft gemacht.

Aufgewacht. Traurig. Bitter enttäuscht.
War alles nur Utopie?
Nichts ist geschehen, alles wie immer.
Von selbst kommen Revolutionen nie.

CUI BONO (...wem nutzt es?) Juli 2017

Gestern hat in der Zeitung gestanden:
Im Schanzenviertel wütet der Terror von links.
Niemand hat die Vermummten erkannt.
Es wird berichtet, es seien Linke gewesen.

Heute berichtete die Tagesschau:
In Venezuela unterdrückt ein Präsident das Volk.
Plündernde Demonstranten zünden Autos an.
Es wird berichtet, dass es für die Freiheit ist.

Gestern waren Demonstranten in Hamburg zu
sehen.
Warum sollen wir glauben, dass Linke
ihre Viertel zerstören?

Heute waren Demonstranten in Venezuela zu
sehen.
Warum sollen wir glauben, dass Brandstifter
Freiheitskämpfer sind?

DAS PRINZIP HOFFNUNG

Als die Armut sich ausbreitete
und das Leichentuch des Elends
sich über die Menschen legte,
kam der Geruch der Fäulnis auf.

Als der Rauch dichter wurde
und scharf in ihre Augen zog,
trübten Tränen ihren Blick
und die Wahrheit versteckte sich.

Als der Regen begann
und die Dächer ihrer Häuser
zu Gießkannen wurden,
wuchs ihre Verzweiflung.

* * * * *

Als scharfer Wind aufkam
und durch ihrer Gedanken Nebel
wie ein Messer schnitt,
wuchs ihr Wille zu leben.

Als die Bauleute kamen
und die Häuser renovierten,
schwand der Pessimismus
und Menschenwürde kam zurück.

Als der Ähren Duft begann
und sich in ihre Nase schlich,
sahen sie Müller und Bäcker
und die Hungernden hatten Brot.

SCHULDENBREMSE

Die, die Verschuldung verschulden
haben ein perfektes Rezept.
Die, die Verschuldung erdulden
für sie ist das nicht perfekt.

Die, die selber nicht sparen
wollen Retter der Haushalte sein.
Wir lassen mit diesem Verfahren
uns auf den Untergang ein.

Die, die verursacht die Insolvenz,
tönen, dass sie Fachleute sind.
Die, die zahlen die Konsequenz,
sind unbelehrbar und blind.

Die, die Schuldigen kennen,
Können Schuldenbremse sein,
Schuldscheine verbrennend,
sich von Schulden befrei'n.

DAS LÜGENLIED

Ist etwas schlecht, verborgen im Geheimen,
ist wichtig, dass man niemals hörig ist.
Wenn die Schlechtigkeit beginnt zu schleimen,
protestiert ihr laut, dass niemand vergisst.

   Dann müssen Lügen her, freche Lügen her!
   Wenn das Unglück eintrifft, ist es vorbei!
   Gebt uns Lügen und wir erkennen nichts mehr,
   glauben blind, dass alles in Ordnung sei.

Da sind schon wieder neue Lügen,
schöne Worte uns zu betrügen!
Wir müssen kämpfen, dass es gelingt
und die Wahrheit aus dem Kasten springt.

   Dann müssen Lügen her, freche Lügen her!
   Wenn das Unglück eintrifft, ist es vorbei!
   Gebt uns Lügen und wir erkennen nichts mehr,
   glauben blind, dass alles in Ordnung sei.

Und die Lügen sind kaum zu ermessen,
In Geheimverhandlungen blüht Mauschelei.
Es wird gelogen bis die Wahrheit vergessen.
Das Volk in Ketten, doch der Handel ist frei.

   Dann müssen Lügen her, freche Lügen her!
   Wenn das Unglück eintrifft, ist es vorbei!
   Gebt uns Lügen und wir erkennen nichts mehr,
   glauben blind, dass alles in Ordnung sei.

Karl Marx, Denkmal in Trier.

**„Die Geschichte aller bisherigen
Gesellschaft ist die Geschichte von
Klassenkämpfen."**

Marx-Engels-Werke Band 4, S. 462.

AUFWACHEN

Wenn am Morgen die Sonne der Nacht
die Frühnebeldecke von den Augen zieht,
Tiere aus dem Schlaf erwachend
ihre Freude in den Tag singen, krähen,
zwitschern und schnurren, beginnen
Menschen einen neuen, fröhlichen Tag.

Wenn am Morgen die Sonne nicht scheint,
kein Frühnebel einen schönen Tag erwarten lässt,
Tiere nicht freudig singend den Tag begrüßen,
überziehen dunkle Wolken den Himmel,
Blitz und Donner spielen die dramatische
Begleitmusik für einen finsteren Tag.

Wenn am Morgen ein gutes Frühstück den
vom klaren Wasser Erfrischten erwartet,
Arbeit, Glück und Sicherheit ihn ruhig
an den kommenden Tag denken lässt,
kann er die Gesänge der Tiere hören, ein
glücklicher Mensch beginnt einen neuen Tag.

Wenn am Morgen kein gutes Frühstück die
von Armut und Not Betroffenen erwartet,
ohne Arbeit, verzweifelt, perspektivlos
an die Zukunft denkend, erkennen sie,
wir müssen unsere eigenen Lieder singen,
mutig beginnend jeden neuen Tag.

FÜR DIE ZUKUNFT

Schöne Landschaften, prächtige Natur,
interessante Menschen, guter Wein,
geschmackvolles Essen, auf jeder Tour
und er kann einfach glücklich sein.

Ob hohe Berge, oder riesig ein Meer,
ehrfürchtig kann er begeistert sein.
Alte Architektur verzaubert ihn sehr
Kunstwerke aus lebendigem Stein.

Herrliche Häuser, für Fürsten gebaut,
armselige Hütten, in finsterer Stadt,
reiche Kirchen und Klöster man schaut
und wo das Volk nichts zu essen hat.

Weil das alles so ungerecht ist
und weil immer die Armen leiden,
müssen sie die Wahrheit erkennen.

Lügen bekämpfen, Streit und Zwist,
Fehler erkennen und sie vermeiden,
und für eine gerechte Zukunft brennen.

ICH BRAUCHE...

Für mein Wohlsein wärmende Sonne,
Arbeit für meine Reproduktion,
Zuneigung, eine Wohnung und
die Liebe meiner Frau,
gesundes Essen und süffigen Wein,
Kollegen, Freunde, Genossen
die mir vertrauen.
Ich brauche das Lachen, die Freude,
das Glück und viel Licht.
Politik für die Banken,
die brauche ich NICHT!

TRÄNENWOLKEN

Der Kummer ist ein Meer
und immerzu tropfen
alle Tränen dieser Welt
in dieses Meer.
Dann denke ich,
das Meer des Kummers
wird überlaufen, aber
immer wieder verdunsten
die gesammelten
Tränen.

Aus verdunsteten Tränen
wachsen drohende Wolken
voll Hunger, Armut und Not.
Vernichtung und Kriege
regnen ständig
Bitternis auf die Erde.
Daran denkend träume ich -
Widerstand wird Sturm,
vertreibend Wolken und
Tränen.

TRAUM & WIRKLICHKEIT

Manchmal, träumend, denk ich daran,
dass ich etwas besonderes bin
und in Wahrheit fliegen kann.
Nicht Flugzeug, nein Adler,
der, was er jagt, erlegen kann.
Fliegend in meinen Träumen
bin ich unüberwindlich, stark.
Im Traum erringe ich große Macht,
besinge den Tag, bezwinge die Nacht,
gestalte den Frieden, verjage den Krieg,
stärke die Liebe, verbanne den Hass.
Für Menschen die in Wirklichkeit leiden,
hat Morpheus keine Lösung bereit.
Drum habe ich mich von Träumen befreit,
erkennend ihren wahren Sinn,
froh', dass ich aufgewacht bin.

GEGEN DEN WIND

Es pfeift durch die Straßen der Wind,
treibt die Schwaden, er schreckt das Kind.
Der Nebel zieht über das Land dahin,
es versteckt sich unendliches Leid darin.

Und im Wind und den Nebelschwaden,
erkennt man die Wahrheit als roten Faden.
Schon die Geburt, bis in den Tod,
entscheidet über Glück oder Not.

Durch die Straßen das Elend rinnt,
leer sind die Töpfe, es weint das Kind.
Die Tür zum Glück, die ganz oben ist,
unerreichbar - wenn du unten bist.

Es klingt durch die Straßen ein Signal,
die Menschen erkennen mit einem Mal,
wenn sie unten sind ist das schlecht,
sie stehen auf und fordern ihr Recht.

Sie pfeifen mutig gegen den Wind,
sie wollen nicht, dass sie unten sind,
gestalten ihr Leben mit eigener Hand,
Not wird beseitigt, glücklich das Land.

Lied für europa

menschen lasst uns leben
lasst uns nicht ohne würde sein
wir glauben nicht denen
die als heilsbringer reden
und uns schrecklich belügen
wir lassen uns nicht auf märchen ein
lasst uns gemeinsam feiern
in allen städten und ländern
der missgunst dunkle wolken zerreißen
die liebe verspüren
lasst uns fröhlich sein
lieder singen in allen sprachen
und es wird erwachen ein europa
in dem wir erreichen werden
freiheit und frieden
für alle menschen
und es wird so sein
wie wir es wollen

ICH HABE GEHÖRT, IHR WOLLT ALTERNATIV WÄHLEN

Nachdichtung von „Ich habe gehört, ihr wollt nichts lernen" (Bertolt Brecht).

Ich habe gehört, ihr wollt alternativ wählen.
Daraus höre ich, ihr seid unzufrieden.
Eure Zukunft ist unsicher – sie liegt
in großer Dunkelheit. Eure Volksvertreter
haben dafür gesorgt, dass eure Kinder
schlechte Schulen haben. Da müsst
ihr was tun. So wie es ist
kann es nicht bleiben.

Damit sich das ändert, weil die Zeiten
wie ich gehört habe, unsicher sind,
wünscht ihr euch Führer, die euch genau sagen
was ihr wählen sollt, damit es besser wird.
Sie haben nichts gelernt aus den Verbrechen
der braunen Vergangenheit
die für Tausend Jahre geplant war.
Ihre Rezepte werden euch nicht helfen,
weil sie nicht für euch sind.
Ihr sollt ihnen nur kritiklos glauben.
Allerdings - wenn ihr sie nicht wählt,
habt ihr gelernt.

DIE GEISTER DER REVOLUTION

Die Eltern der Revolution sind gestorben,
ihre Gesichter sehe ich manchmal im Traum.

Sie sind die Vergangenheit, sie sprechen mit mir.
Viele kenne ich nicht. Trotzdem beginnen sie
mit mir zu reden.

Die vor mir erscheinen, haben
kein fremdes Land befreit, sondern
sich selbst. Ihre Namen
sind oft schon vergessen, aber die Geschichte
nennt ihre Taten.

Sie wollten eine menschliche Welt, sie wurden
besiegt von der eigenen Schwäche.

Hört ihr die fordernden Rufe?
Sie kommen aus schweigenden Mündern, aber
der Sturm der Zeit trägt sie zu denen,
die nach uns kommen.

INHALT

TROTZ ALLEDEM! (Einleitung)   7

TROTZ ALLEDEM! (Karl Liebknecht)   9

DER SOZIALISMUS IST GESCHEITERT   10

TROTZ ALLEDEM! (Nachdichtung)   12

GESCHLAGEN, ABER NICHT BESIEGT   15

1989   16

OKTOBERLIED   17

VERPASSTE CHANCE   19

ÜBER EIN UNGLÜCK   20

ENTTÄUSCHUNG   21

SONETT VON DER MORAL   22

VERKAUFTE HEIMAT   23

WIE SCHAFFE ICH ES?   24

MEINE KONKRETE UTOPIE   25

FÜR EINEN ALTEN KÄMPFER   27

DAS SEIN BESTIMMT DAS BEWUSSTSEIN   29

VON DENEN DIE GEBRAUCHT WERDEN   30

WER NICHT KÄMPFT WIRD UNTERGEHN   31

DER GEIST STEHT NOCH LANGE NICHT STILL   33

MARXISMUS IST EINE REVOLUTIONÄRE
                         WELTANSCHAUUNG   35

ERINNERUNG AN CLARA ZETKIN   36

WEM GEHÖRT WAS?   37

FREIHEIT OHNE FRIEDEN GEHT NICHT   38

NICHT WEHRLOS   39

TTIP, DER GEHEIMVERTRAG   40

WARUM DER ADEL GEBRAUCHT WIRD   41

SCHLAPPHÜTE   42

WER SCHWEIGT STIMMT ZU   43

STATIONEN   44

SONNENAUFGANG 46

FREIHANDELSVERTRAG 47

FREIHANDEL, FÜR WEN? 49

ODE AN DIE FREIHEIT 50

WENIGER RÜSTUNGSPRODUKTION 51

KRIEGSSPIELE 53

WAS IST DAS FÜR EINE ZEIT? 54

DER ZUSTAND DER ERDE 55

ÜBER DIE KÄLTE 56

DEFIZIT 58

KRIEGSWAFFEN 59

MAJDAN IN KIEW 60

MECHANISMEN 61

NACHT 62

SONETT AUS MEINER STADT 64

DER KRITISCHE 65

SONETT VON DER KLAREN SPRACHE 66

ALTERNATIVE 67

LOGISCHE FOLGE 68

SCHLUSSFOLGERUNG 69

POLITKAPITALIK 70

DIE STRASSENREINIGER 72

ERSCHÖPFUNG 73

AFRIKANISCHES DESASTER 74

RECHTFERTIGUNG 75

FREMD 76

GERMANIA 77

WAS MIR SO EINFÄLLT 79

MITSCHULD 80

DIE FRAGE 82

EINMAL WIRD... 84

FASCHISMUS IST EIN VERBRECHEN 85

WAS PASSIERT HIER?   86
WANN ???   87
PROFIT & EUROPA   88
KULTURFASCHISTEN   90
OSLO 22. Juli 2011   91
DEUTSCHLAND. KEIN WINTERMÄRCHEN   93
GROKO   94
AUSWEG   96
FRAGEN   98
SELBSTVERSTÄNDNIS   99
BETRIEBSRAT   100
DIE MACHT DER STEINE   101
DER KÜCHENMEISTER   102
HINWEIS   103
KONSEQUENZ   104
ICH HABE GEGLAUBT   106
CUI BONO   107
DAS PRINZIP HOFFNUNG   108
SCHULDENBREMSE   109
DAS LÜGENLIED   110
AUFWACHEN   112
FÜR DIE ZUKUNFT   113
ICH BRAUCHE...   114
TRÄNENWOLKEN   115
TRAUM & WIRKLICHKEIT   116
GEGEN DEN WIND   117
LIED FÜR EUROPA   118
ICH HABE GEHÖRT, IHR WOLLT ALTERNATIV
                                    WÄHLEN   119
  DIE GEISTER DER REVOLUTION   120

Bildnachweise

Seite 9, Karl Liebknecht, um 1911 Bundesarchiv, B 145 Bild-P046271 / Weinrother, Carl / CC-BY-SA 3.0

Seite 17, Panzerkreuzer Aurora, (Leningrad) Foto, Wülfrath

Seite 24, FDJ-Hemd (Foto, unbekannt)

Seite 27, Karl Marx, 1875, Foto, John Jabez Edwin Mayall (1816-1901)

Seite 35, Clara Zetkin & Rosa Luxemburg 1910 (Foto, unbekannt)

Seite 45, Die Freiheit führt das Volk' von Eugène Delacroix (1833)

Seite 57, Desatres de la Guerra (Katastrophen des Krieges) Francisco Goya 1810s.

Seite 63, Friedrich Engels, (1856) Foto, George Lester, Manchester

Seite 71, International verwendetes Zeichen „Refugees Welcome"

Seite 83, Foto, Kurt Ochlich 1945, Bundesarchiv, Bild 183-2005-0901-517 / CC-BY-SA 3.0

Seite 89, Victor Jara, (Montage: Wülfrath)

Seite 97, Bertolt Brecht, 1954, Bundesarchiv, Bild 183-W0409-300 / Kolbe, Jörg / CC-BY-SA 3.0

Seite 105, Manifest der Kommunistischen Partei, Titelblatt 1848

Seite 111, Karl Marx, Denkmal in Trier 2018. Foto, Wülfrath

VOM WORKAHOLIC ZUM SINNFINDER

 Von Fischerhude und Worpswede ins Blaue Land.
Begegnungen mit Künstlerinnen und Künstlern in Worpswede, Fischerhude, Murnau, und Kochel, ebenso wie das Zusammentreffen von Freundschaft und Liebe sind der Rahmen, in dem ein Workaholic seine Sinnlichkeit neu entdeckt.
Lassen sie sich ein auf die Malerei, die Natur, die Freundschaft, die wunderbare Liebe und auf das alle Sinne umfassende Leben.

Verlag, BoD-Norderstedt   ISBN: 9783752822106

EWIG UM DIE SONNE KREISEND DREHT DIE ERDE UNS INS LICHT

 In diesem Bändchen sind 87 Gedichte und eine Kurzgeschichte mit Texten über die unterschiedlichsten Themen versammelt.
Es geht um Krieg, Flucht, Freiheit, Umwelt und Liebe und darum, was mit uns gemacht wird, oder was wir selber tun. Wenn Sie z.B. wissen wollen, was eine Utopie mit einem Sonnenaufgang zu tun hat, oder was in einem Garten passiert, finden Sie hier eine Antwort.

Verlag, BoD-Norderstedt ISBN: 9783752820041

ICH DENKE, ALSO BIN ICH (Gedichte)

 Wir sollten die Gedanken, die uns besonders lieb und wichtig sind und von denen wir glauben, dass ohne sie unser Seelenleben wie der Schnee in der Sonne dahin schmelzen würde, zwar nicht in Jahrtausend alter Keilschrift schreiben, aber, sie in Worte fassen und in kostbaren Büchern unterbringen, um sie für alle Zeit zu konservieren.

Ob wir traurig, glücklich, zuversichtlich oder enttäuscht sind, immer haben wir Bücher, die unsere Trauer erleichtern, mit denen wir unser Glück teilen und unsere Enttäuschung in Zuversicht verwandeln.

Nord Park Verlag Wuppertal   ISBN: 9783943940268

MUT ZUM GENUSS (Texte über den Genuss)

 Nutzen sie jede Gelegenheit, bei einem Glas Wein, bei der Betrachtung eines Bildes, beim fühlen des Windes auf einem Berggipfel, beim Geruch gemähter Wiesen und duftender Kiefernwälder, beim Anblick fröhlicher Kinder, bei allem was ihnen Freude bereitet, und nicht zuletzt beim genießen der Liebe, mutig zu sein und sich mit Genuss zu belohnen.

Verlag, BoD, Norderstedt ISBN: 9783748181910

Günter Wülfrath ist 1941 in Wuppertal geboren.
Er legte nach vielen Jahren als Rezitator 2007
den Grundstein für die jährlich stattfindenden
Ronsdorfer Literaturtage „LIT.ronsdorf" in
Wuppertal und begann eigene Texte zu
verfassen.
Er schreibt vorwiegend Lyrik, Kurzgeschichten
und biografische Texte, die in diversen
Anthologien und Zeitschriften veröffentlicht
wurden.
2016 erschien der Lyrikband "Ich denke, also
bin ich" im NordPark-Verlag Wuppertal.
2018 erschienen bei BoD-Norderstedt die
Gedichtbände „Ewig um die Sonne kreisend
dreht die Sonne uns ins Licht" und „Mut zum
Genuss", und der Roman „Vom Workaholic zum
Sinnfinder".

FSC
www.fsc.org

MIX

Papier aus ver-
antwortungsvollen
Quellen
Paper from
responsible sources

FSC® C105338